Bitte beachten Sie:

Bücher mit aufgetrenntem oder beschädigtem Siegel gelten als gebraucht und können nicht mehr zurückgegeben werden. Bücher dürfen nur von ihrem Erstbesitzer für den Unterricht kopiert werden. Siehe auch Impressumseite.

Mit freundlichem Gruß
Ihr
Verlag an der Ruhr

Verlag an der Ruhr GmbH
Postfach 10 22 51
D-45422 Mülheim an der Ruhr
E-Mail: info@verlagruhr.de
www.verlagruhr.de
Servicetelefon: 0208 / 495 04 98

Sportartenübergreifende Zweikampfschulung

Erziehender
Sportunterricht
praktisch

Verlag an der Ruhr

Impressum

Titel:	Sportartenübergreifende Zweikampfschulung - Sicherheit und Fairness
Autor:	Helmut Zumbült
Layout:	Eva Schughart, www.1imSinn.de
Illustrationen:	Thomas Wellmann
Druck:	Druckerei Uwe Nolte, Iserlohn
Verlag:	Verlag an der Ruhr Postfach 10 22 51, D-45422 Mülheim an der Ruhr Alexanderstr. 54, D-45472 Mülheim an der Ruhr Tel.: 02 08 - 439 54 50 Fax: 02 08 - 439 54 39 E-Mail: info@verlagruhr.de Internet: www.verlagruhr.de

ISBN 3-86072-629-3
© Verlag an der Ruhr 2002

Die Schreibweise der Texte folgt der reformierten Rechtschreibung.

Alle Vervielfältigungsrechte außerhalb der durch die Gesetzgebung eng gesteckten Grenzen (z.B. für das Fotokopieren) liegen beim Verlag.

Ein weiterer Beitrag zum Umweltschutz:

Das Papier, auf das dieser Titel gedruckt ist, hat ca. **50% Altpapieranteil,** *der Rest sind* **chlorfrei** *gebleichte Primärfasern.*

Inhalt

Vorwort

Erziehender Sportunterricht – aber wie? 4

Das „Was"?

Didaktische Anmerkungen

Erziehungsbeitrag der Unterrichtsreihe 5
Unterrichtsschwerpunkt „kooperatives Handeln" 5
Schulung grundlegender Zweikampftechniken
und Transfer 6

Das „Warum"?

Ziele und Struktur der Unterrichtsreihe

Thema der Unterrichtsreihe 7
Kernziele der Unterrichtsreihe 7
Struktur der Unterrichtsreihe 7

Das „Wie"?

Stundenverlaufspläne

Verlaufsskizzen 1. bis 7. Stunde 8

Das „Wofür"?

Mögliche Lernerfolgskontrollen

Schriftliche Überprüfung fachlicher Kenntnisse 15

Das „Womit"?

Materialien

M1: Infoblatt: „Wie man sich beim Judo
 korrekt begrüßt..." 17
M2: Infoblatt: „Fallen rückwärts/vorwärts" 18
M3: Infoblatt: „Haltegriffe" 19
M4: Infoblatt: „Würfe (O-Soto-Gari / O-Goshi)" 20
M5: Spielregeln: „Zweikampfspiele" 21
M6: Arbeitsblatt: „Fairness" 23
M7: Infoblatt: „Judoprinzipien" 25
M8: Arbeitsblatt: „Sportmechanik im Judo" 26
M9: Kopiervorlagen: „Judotechniken" 28
M10: Spielregeln: „Judo-Rugby" 29
M11: Übungsvorschläge: „Fallen statt Stürzen" 30
M12: Übungsvorschläge: „Balancier-Ideen" 31
M13: Arbeitsblatt: „Fallen rückwärts" 32

Literaturverzeichnis

Vorwort

Erziehender Sportunterricht – aber wie?

Hilfestellung beim Umsetzen im Schulalltag

Die wenigen Handreichungen für einen pädagogisch akzentuierten Schulsport geben kaum praktische Hilfestellung. Sie sind sehr allgemein und fachwissenschaftlich gehalten. Konkrete Unterrichtsbeispiele als Ansatzpunkt und Anregung für die eigene Unterrichtsplanung existieren kaum. Die praxiserprobten Unterrichtsbeispiele der Reihe „Erziehender Sportunterricht – praktisch" versuchen genau diese Lücke zu schließen. Sie verstehen sich als Orientierungshilfe und orientieren sich an den bildungspolitischen Vorgaben eines handlungs- und schülerorientierten Unterrichts mit einer alters- und entwicklungsspezifischen Akzentsetzung.

Zu Beginn jedes Umsetzungsbeispiels wird ein kurzes Kapitel mit allgemeinen didaktischen Hinweisen zu der pädagogischen Grundlegung der Unterrichtsreihe vorangestellt. Ziel dieses Kapitels ist nicht eine komplette Sachanalyse mit vollständigen Begründungszusammenhängen zu liefern. Vielmehr sollen zentrale Planungs- und Entscheidungszusammenhänge verdeutlicht werden. Danach werden alle Unterrichtsskizzen übersichtsartig auf einer DIN-A4-Seite dargestellt. An dieser Stelle sei ausdrücklich darauf hingewiesen, dass diese Stundenentwürfe keine allgemeingültigen Patentrezepte sind!

Diese Stundenverlaufspläne sind der Versuch, die Inhalte soweit wie möglich sachlogisch im Sinne eines erziehenden Sportunterrichts zu entfalten und methodisch zu begründen. Unerlässlich und wesentliche Aufgabe der Lehrkraft ist es, die Anregungen zu modifizieren.
Eine Auflistung methodischer Alternativen bzw. detaillierter Impulse ist an dieser Stelle nicht möglich. Dies kann nur in genauer Kenntnis der jeweiligen Lehrgruppe, der Zielsetzungen des Unterrichtsvorhabens und abhängig vom Verlauf der Stunde erfolgen.
Aufbauend auf den skizzierten Unterrichtsplänen werden ausführliche Materialen aufgeführt. Diese Kopiervorlagen geben praktische Hilfen zur Unterrichtsgestaltung. Dabei sind sie bewusst so konzipiert, dass sie auch in anderen Unterrichtsvorhaben vielseitig einsetzbar sind.

Einen weiteren wichtigen Baustein jedes Umsetzungsbeispiels bildet das Kapitel Leistungsbeurteilung.
Für diesen grundlegenden Aufgabenbereich der Lehrkraft werden leider in der Literatur wenig konkrete Hinweise gegeben. In jedem Band werden entsprechend der Zielsetzungen der Reihe spezifische Anregungen für die Beurteilung der erarbeiteten Lerninhalte dargestellt.
Diese vielfältigen, abgestuften Vorschläge der Lernerfolgskontrollen orientieren sich dabei an einem differenzierten pädagogischen Leistungsbegriff. Dabei wird immer wieder der Versuch unternommen, Hilfestellung für das Umsetzen der Lernkontrollen in die obligatorische Notenskala zu geben.

Didaktische Anmerkung

Das „Was"?

Erziehungsbeitrag der Unterrichtsreihe

Systematische Zweikampfschulung wurde im Schulsport lange Zeit vernachlässigt. Neuerdings aber erfahren Ringen und Raufen, Zweikampf als Judo, Karate oder Fechten im Rahmen eines erziehenden Sportunterrichts große Beachtung in den neueren Richtlinien.
Die Gründe dafür liegen auf der Hand. Es gibt eine zunehmende Gewaltbereitschaft in unserer Gesellschaft, auch bei Kindern und Jugendlichen.
Schulische Erziehung muss soziale Verhaltensformen ausprägen, die auf Verständnis füreinander, Rücksichtnahme und Verantwortung ausgerichtet sind. Zweikampfsport ist in besonderer Weise geeignet, diese Einstellungen zu gewinnen. Im direkten, unausweichlichen Kontakt mit dem Gegner, der zumeist ein Übungspartner ist, erfolgt ein faires Messen von Kraft und Geschicklichkeit im Rahmen vereinbarter Regeln.
Über diese Erziehung *im* Sport, d.h. im Zweikampfsport Judo, soll aber auch ein wünschenswerter Transfer erfolgen bei der Übertragung eines fairen Zweikampfverhaltens auf andere sportliche Situationen. Darüber hinaus geht es um die grundsätzliche Übertragung von sportlicher Fairness auf allgemeine Lebenssituationen (Rücksichtnahme, Verantwortungsbewusstsein, Verzicht auf Vorteile usw.), d.h. es geht auch um Erziehung *durch* Sport.
Ein vermeintliches Hindernis für die unterrichtliche Aufarbeitung des Zweikampfsports ist die oft fehlende Ausstattung mit Judomatten und Judogis, bzw. die nicht vorhandene Sachkompetenz der Lehrkräfte.
Das hier angebotene Unterrichtsbeispiel soll zeigen, dass mit einfachen Unterrichtsformen unter den Standardbedingungen einer normal ausgestatteten Turnhalle Grundlagen des Zweikampfsports (Judo) auch von Judolaien vermittelt werden können. Dabei geht es nicht um technische Perfektion, da weiterführende Fertigkeiten (schwierige Würfe, Hebeln und Würgen) aus Sicherheitsgründen bewusst ausgespart werden. Im Vordergrund stehen eine allgemeine Bewegungsgeschicklichkeit und erzieherische Schwerpunkte eines kooperativen und fairen Umgangs mit Partnern und Gegnern.
Das Thema wird in Form einer geschlossenen Unterrichtsreihe dargeboten. Dabei ist der zeitliche Rahmen von sieben Doppelstunden nur unter besonders günstigen Bedingungen einzuhalten. Eine Ausweitung ist denkbar und zum Üben und Festigen einzelner Techniken wünschenswert. Aber auch inhaltliche Kürzungen (Reduzierung der Wurf- und Haltetechniken, Wegfall des Spiels „Judo-Rugby") wären möglich.

Unterrichtsschwerpunkt „kooperatives Handeln"

Ausgangspunkt der Planungsüberlegungen ist der Gedanke, einer gemischtgeschlechtlichen Lerngruppe der Jahrgangsstufe 11 über die Zweikampfschulung einen Zugang zum kooperativen, verantwortungsbewussten Handeln zu vermitteln. Aspekte einer Selbstverteidigung und der Abbau von Berührungsängsten stehen nicht im Vordergrund. Über eine Schulung der Basistechniken im Judo (besonders Fallschulung) soll zunächst die allgemeine Bewegungssicherheit verbessert werden.
Darüber hinaus sollen die Schüler[1] ihre Methodenkompetenz erweitern. Dies geschieht bei der weitgehend selbstständigen Erarbeitung neuer Fertigkeiten und deren Übertragung auf bekannte Situationen in Sport und Alltag. In Phasen der Reflexion über Bewegungsprinzipien und der selbsttätigen Weiterentwicklung und Anwendung der Techniken soll dem oberstufengemäßen Prinzip der Bewusstheit des Lernens entsprochen werden.
Vornehmliche Zielsetzung der Unterrichtsreihe ist es, die Lerngruppe zu sensibilisieren für eine kooperative Zusammenarbeit zwischen zwei Partnern als Voraussetzung für ein erfolgreiches und sicheres Handeln im Zweikampf.
Die Sicherheit des Gegners gilt als oberstes Prinzip. Dazu gehören das Einhalten von getroffenen Absprachen, das behutsame Werfen und die Hilfe zum kontrollierten Fallen. Aber auch die allgemeine Rücksichtnahme auf den Partner durch die Akzeptanz möglicher Gefühle wie Angst, Ehrgeiz und Frustration sind soziale Verhaltensziele, die einen Schwerpunkt der Erziehung zu kooperativem Handeln darstellen.

---

[1] Aus Gründen der besseren Lesbarkeit haben wir in diesem Buch durchgehend die männliche Form verwendet. Natürlich sind damit auch immer die Frauen und Mädchen gemeint, also die Lehrerinnen, Schülerinnen etc. Wir bitten daher unsere Leserinnen sich ebenso angesprochen zu fühlen.

Didaktische Anmerkung

Schulung grundlegender Zweikampftechniken und Transfer

Im ersten Teil der Unterrichtsreihe steht die Erarbeitung grundlegender Zweikampftechniken am Beispiel der Sportart Judo im Vordergrund. Hier sollen einfache Falltechniken erlernt und erprobt werden, die eine allgemeine Bewegungssicherheit vermitteln und die Basis für weiterführende Zweikampfhandlungen bilden. Dies sind Würfe, die in Verbindung mit richtigem Fallen zu einer sicheren Landung führen. Daraus entwickeln sich anschließende Kampfhandlungen als sogenanntes Bodenrandori. Darunter versteht man einen Bodenkampf mit dem Ziel, den Gegner in einen Haltegriff zu zwingen. Um dem Anspruch eines oberstufengemäßen Unterrichts gerecht zu werden, sollen hier einsichtiges Lernen (einschließlich Methodenreflexion), weitgehende Selbstständigkeit und verantwortliches Handeln gefördert werden.

Im zweiten Teil des Unterrichtsvorhabens geht es um einen Transfer des Gelernten auf andere Sportarten oder Situationen, in denen Fall- und Zweikampftechniken gefordert sind.

Hier sollen zusätzlich zu Sicherheitsaspekten auch ganz besonders soziale Verhaltensweisen geschult werden. In der Verantwortung für sich selbst und andere, im kooperativen Lernen und im fairen Wettkampf liegen die erzieherischen Schwerpunkte dieses Abschnitts. Der Altersstufe der Lerngruppe entsprechend sollen auch hier weitgehend Formen des selbstständigen Arbeitens favorisiert werden. Oberstufengemäß erscheint hier die Anforderung an die Schüler, bei der selbstständigen Übertragung erlernter Fall- und Zweikampftechniken auf andere Sportarten oder außersportliche Situationen eigene Erfahrungen einzubringen.

Der Unterricht ist so konzipiert, dass neben dem Aufforderungscharakter der Thematik die Motivation vom hohen Bewegungsanteil der Stunden und einem Angebot vielseitiger Übungs- und Spielformen ausgeht. Der Spaßfaktor ebnet vielfach die anfänglichen Hindernisse eines besonders körperbetonten Partnerkontakts und wird auch von Oberstufenschülern gern angenommen.

Die notwendigen fachlichen Anteile des Themas werden im Unterricht dosiert angeboten. Es wird aber im Sinne des „Ernstcharakters" von Sportunterricht nicht darauf verzichtet, Theorieanteile in häuslicher Vor- und Nachbereitung einzubringen und in Form eines Tests abzuprüfen.

Ziele und Struktur

Thema der Unterrichtsreihe

Faires Zweikämpfen und sicheres Fallen:
Eine schülerorientierte Einführung und sportartübergreifende Anwendung grundlegender Judotechniken

Kernziele der Unterrichtsreihe

Die Schüler sollen …

- in kooperativer Zusammenarbeit grundlegende Judotechniken erlernen.
- für ein verantwortungsbewusstes Zweikampfverhalten sensibilisiert werden.
- den fairen Umgang mit dem Partner schulen.
- ihre allgemeine Bewegungssicherheit verbessern.
- ihre Methodenkompetenz erweitern.
- Zweikampftechniken auf andere Sportarten und Alltagssituationen übertragen.

Struktur der Unterrichtsreihe

(Alle Unterrichtseinheiten [UE] sind als Doppelstunden konzipiert.)

1. UE – Thema:
Richtiges Fallen und faires Kämpfen:
Einführung in die Technik des Fallens rückwärts und Vermittlung judospezifischer Grundlagen des Bodenrandoris

2. UE – Thema:
Dynamisches Fallen und kooperatives Kämpfen:
Erlernen der Judorolle, verschiedener Haltegriffe und Befreiungsmethoden

3. UE – Thema:
Gleichgewicht halten und verlieren:
Festigung der erlernten Falltechniken in Anlehnung an Alltagssituationen und Vermittlung von Prinzipien des Gleichgewichtbrechens am Beispiel des Fußwurfs (O-Soto-Gari)

4. UE – Thema:
Fallen ohne zu stürzen:
Übertragung der Falltechniken auf andere Sportarten und auf eine weitere Judo-Wurftechnik (O-Goshi)

5. UE – Thema:
Der Gegner als Partner:
Üben und Anwenden von Zweikampftechniken in Verantwortung für die Sicherheit des Partners

6. UE – Thema:
Prinzipien des „Fairhaltens" in Zweikämpfen:
Wiederholung und Festigung erlernter Zweikampftechniken und Übertragung auf simulierte Zweikampfsituationen in anderen Sportarten unter Wahrung des Fairnessgebots

7. UE – Thema:
Judo-Rugby:
Gestaltung eines Raufspiels unter Einhaltung verschiedener Sicherheits- und Fairnessregeln

Stundenverlaufspläne
Verlaufsskizze 1. Stunde

Das „Wie"?

Thema:
Richtiges Fallen und faires Kämpfen: Einführung in die Technik des Fallens rückwärts und Vermittlung judospezifischer Grundlagen des Bodenrandoris

Ziele:
- Prinzipien des richtigen Fallens erschließen
- Fallen rückwärts aus verschiedenen Ausgangslagen beherrschen
- Regeln eines fairen Bodenrandoris entwickeln
- Methodenbewusstsein entwickeln

Unterrichtsphase	Unterrichtsgeschehen	Kommentar
Einstieg	Begrüßungszeremoniell **(M1)**, thematische Absprachen	Motivation, Transparenz
Vorbereitung	Laufübungen Partnergymnastik Kleine Raufspiele **(siehe M5)** ◈ Zieh- und Schiebekämpfe ◈ Jeder gegen jeden	Erwärmung, Schulung mot. Eigenschaften, Erfahrung körperlicher Nähe, Einstimmung auf das Kämpfen
Organisation	Aufbau einer Übungsanlage (Mattenvierecke)	Pro Mattenviereck üben 4 bis 8 Schüler
Erarbeitung I	Fallen rückwärts 1. Erproben von Rollbewegungen rw: Der Kopf soll den Boden nicht berühren 2. Erörterung wichtiger Fall-Prinzipien **(siehe M7)** 3. Methodisch geordneter Lernweg (graduelle Annäherung) ◈ Abschlagen in Rückenlage **(M2)** ◈ Rw-Rollen aus dem Sitz ◈ Rw-Rollen aus der tiefen Hocke ... ◈ Fallen mit Abschlagen i.d. Endposition ◈ Fallen mit Abschlagen und Rollen über eine Schulter	Induktives Vorgehen zur Förderung einsichtigen Lernens: Steuerung der Rotationsenergie, große Fallfläche, Abschlagen (Prinzipien des Fallens), Schaffung eines Methoden- und Sicherheitsbewusstseins, Vorbereitung späterer Unterrichtsinhalte, selbstständige Entscheidung über das Anspruchsniveau, Rücksichtnahme auf Partner
Anwendung I	Kleine Gleichgewichtskämpfe mit Fallen rückwärts	Schulung koordinativer Fähigkeiten, Anwendung unter erschwerten Bedingungen
Earbeitung II	Bodenrandori 1. Jeder gegen jeden (Wer bleibt als Letzter auf der Matte?) 2. Zweikämpfe 3. Regeln finden 4. Zweikampf mit dem Ziel, den Gegner 30 Sek. auf dem Rücken zu „fixieren"	Konfrontationsmethode als kontrastives Verfahren (s.o.), Reflexion über Erfahrung mit Kooperation und Fairness
Anwendung II	Zweikampfturnier „Randori-König"	Sieger gegen Sieger, Verlierer kämpfen in einer Trostrunde
Ausklang	Abschlussgespräch Hausaufgabe: Fallprinzipien **(M13)** Cool down	Zusammenfassung der Stundenergebnisse, Entspannung nach Musik, Atemübungen

Das „Wie"?

Stundenverlaufspläne
Verlaufsskizze 2. Stunde

Thema:
Dynamisches Fallen und kooperatives Kämpfen:
Erlernen der Judorolle, verschiedener Haltegriffe und Befreiungsmethoden

Ziele:
- Beherrschung der Judorolle in der Grobform
- korrekte Ausführung verschiedener Haltegriffe und Ableitung grundlegender Kriterien
- selbstständiges Entwickeln von Befreiungstechniken und -prinzipien
- kooperatives Verhalten zur Vermittlung von Erfolgserlebnissen des Partners und zur Vermeidung von Verletzungen

Unterrichtsphase	Unterrichtsgeschehen	Kommentar
Einstieg	Begrüßungszeremoniell Besprechung des Stundenthemas	Ordnung, Konzentration, Respekt vor dem Gegner, Transparenz
Organisation	Aufbau einer Übungsanlage	
Vorbereitung	Lauf- und Fangspiele Partnertransport (Tragen, Rollen, Ziehen, ..) Dehnübungen Wiederholung des Fallens rückwärts (Überprüfung der Hausaufgabe)	Erwärmung, Körperspannung, Partnerbezug
Erarbeitung I	Judorolle **(M2)** 1. Wiederholung der Judorolle rückwärts über eine Schulter 2. Sofortiges Zurückrollen in die Ausgangsposition 3. Erläuterung der Körperpositionen 4. Üben der Judorolle unter vereinfachten Bedingungen (tiefe Ausgangsposition, in Zeitlupe, auf Weichboden...) 5. Differenziertes Üben und Anwenden unter erschwerten Bedingungen (Rollen über Hindernisse, „Abschussrampe") **(M11)**	Bewusstmachung des methodischen Vorgehens: Vom Bekannten zum Unbekannten, Transfer, Einsicht Evtl. Einsatz einer Bewegungsskizze zur Verdeutlichung des Bewegungsentwurfs **(M2)** Unterschiedliches Anspruchsniveau, Können, Mut, Risikobereitschaft Selbstkompetenz
Earbeitung II	Haltegriffe 1. Demonstration Kesa Gatame **(M3)** 2. Umsetzung durch die Schüler 3. Mediengestützte, selbstständige Umsetzung weiterer Haltegriffe **(M3)** 4. Vermutungen über Wirkungsweisen der Haltegriffe, Kriterien 5. Üben (Befreiungsversuche)	Vom Vormachen/Nachmachen zum Gewinnen von Einsichten Bewusstes Lernen **(M7)** 4-Punkte-Merksatz **(M7)** Überleitung zu III
Erarbeitung III	Befreiungstechniken 1. Demo einiger Befreiungsversuche 2. Entwicklung von Prinzipien 3. Üben und Anwenden in Bodenrandoris 4. Entspannungsübungen (Massage, Lockerung)	Schülerorientierte, induktive Methode (Reflexion) **(M7)** Kooperation, Erfolgserlebnisse
Ausklang	Abschlussgespräch Verabschiedung, Abbau der Anlage	Körpererfahrung, Vertrauen Ergebnissicherung, Methodenbewusstsein Gewöhnung an das Judoritual

Stundenverlaufspläne
Verlaufsskizze 3. Stunde

Das „Wie"?

Thema:
Gleichgewicht halten und verlieren:
Festigung der erlernten Falltechniken in Anlehnung an Alltagssituationen und Vermittlung von Prinzipien des Gleichgewichtbrechens am Beispiel des Fußwurfs O-Soto-Gari

Ziele:
- Anwendung der Falltechniken unter erschwerten Bedingungen
- Übertragung des Fallens rückwärts und vorwärts auf Alltagssituationen
- Erlernen des Fußwurfs O-Soto-Gari (große Außensichel)
- Wahrnehmen und Erkennen von Gleichgewichtsprinzipien

Unterrichtsphase	Unterrichtsgeschehen	Kommentar
Einstieg	Begrüßungszeremoniell Bekanntgabe des Stundenthemas	Ordnung, Konzentration, Respekt vor dem Gegner, Transparenz
Vorbereitung	Vielseitige Bewegungsschulung an einem Hindernisparcours mit Schwerpunkt Balancieren **(M12)**	Erwärmung, Erfahrung und Reflexion von Gleichgewicht (halten u. verlieren)
Organisation	Aufbau einer Übungsanlage	Schaffung von Transfervoraussetzungen
Wiederholung	Selbstständiges Üben der bekannten Falltechniken in leistungshomogenen Zweiergruppen	
Kognitive Erarbeitung I	Übertragung der Falltechniken auf typische Alltagssituationen, z.B.... ◈ Umfallen mit einem Stuhl ◈ Stolpern beim Rw-Laufen ◈ Ausrutschen (bei Glatteis) ◈ Fallen von der Leiter ◈ Über den Fahrradlenker „absteigen" ....und Entwicklung von Übungsmöglichkeiten	Unterrichtsgespräch, evtl. Impulse, Sammeln der Beispiele an einer Tafel Selbstständigkeit
Motorische Erarbeitung I	Umsetzung der Übungsmöglichkeiten, z.B.: ◈ Fallen rückwärts mit dem kleinen Kasten **(M11)** ◈ Matte wegziehen **(M11)** ◈ Judorolle vom/über den Kasten	Schüler üben in kleinen Gruppen an verschiedenen Übungsstationen, kalkuliertes Risiko, Differenzierung nach Leistung, Selbst- u. Sozialkompetenz
Kognitive Erarbeitung II	Mediengesteuerte Vermittlung des Gleichgewichtsbrechens am Beispiel O-Soto-Gari	Auswertung einer Bewegungsskizze **(M8) (M9)**
Motorische Erarbeitung I	Erlernen des Fußwurfs O-Soto-Gari durch systematisches Umsetzen der gewonnenen Erkenntnisse	Kooperatives Üben mit wechselnden Aufgabenstellungen
Ausklang	bschlussgespräch, Hausaufgabe (Übertragung des Fallens auf andere Sportarten) Verabschiedung Abbau der Anlage	Ergebnissicherung, Vorbereitung der Folgestunde Ritual

Das „Wie"?

Stundenverlaufspläne
Verlaufsskizze 4. Stunde

Thema:
Fallen ohne zu stürzen:
Übertragung der Falltechniken auf andere Sportarten
und auf eine weitere Judo-Wurftechnik (O-Goshi)

Ziele:
- Judo-Falltechniken auf andere Sportsituationen transferieren
- kontrolliertes Fallen in typischen Fallsituationen verschiedener Sportarten demonstrieren
- Erlernen des O-Goshi
- partnerschaftliches Anwenden bekannter Judotechniken in Stand- und Bodenrandoris

Unterrichtsphase	Unterrichtsgeschehen	Kommentar
Einstieg	Begrüßungsritual (Verbeugung) Bekanntgabe des Stundenthemas	Ordnung, Konzentration, Respekt vor dem Gegner, Transparenz
Vorbereitung	Erweiterter Mattentransport: Spielformen mit Matten in 4er-Gruppen: Mattentragen, -wälzen, -springen, -ziehen...	Erwärmung, Motivation durch intensiven Bewegungsreiz, Kraft- und Geschicklichkeitsschulung
Organisation	Aufbau einer Übungsanlage	
Kognitive Erarbeitung	Typische Falltechniken in den Sportarten, z.B.: ◈ Torwartaktionen (FB, HB) ◈ Japanrolle, Hechtbagger (VB) ◈ Fallwürfe (HB) ◈ Flop (LA)	Abrufen der Hausaufgabe, Erstellen eines Tafelbildes: Sportart/Fall- | Fallprinzip technik – | – – | – – | –
Motorisch-kognitive Erarbeitung I	◈ Erprobung ausgewählter sportartspezifischer Falltechniken ◈ Schaffung organisatorischer Rahmenbedingungen unter Sicherheitsaspekten ◈ Zuordnung bestimmter Fallprinzipien	Üben in Neigungsgruppen, Fixieren der zuzuordnenden Fallprinzipien auf einem Arbeitsblatt
Motorisch-kognitive Erarbeitung II	Mediengestütztes **(M 9)** Erlernen eines neuen Judo-Wurfes (O-Goshi) in der Grobform Kooperatives Üben zu zweit	Schüler üben in heterogenen Zweiergruppen; gegenseitige Hilfe, Rücksichtnahme auf Lerntempo, Angst... Lehrkraft als Helfer
Anwendung	Hervorhebung eines Judowettkampfs (Standrandori) unter „dosierter" Anwendung der erlernten Würfe, Weiterführung als Wettkampf im Bodenrandori	Nach der Übungsphase an mehreren Stationen erfolgt Demonstration vor der gesamten Lehrgruppe (Ergebnissicherung)
Ausklang	Abschlussgespräch, Hausaufgabe: Sportmechanik im Judo **(M8)** Verabschiedung, Abbau der Anlage	Ergebnissicherung, Vorbereitung der Folgestunde Ritual

Stundenverlaufspläne
Verlaufsskizze 5. Stunde

Thema:
Der Gegner als Partner:
Üben und Anwenden von Zweikampftechniken mit Verantwortung
für die Sicherheit des Partners

Ziele:
- Durchführung judogemäßer Zweikämpfe mit gleichstarken Partnern
- Sicherheitsbewusstsein in der Anwendung von Zweikampftechniken

Unterrichtsphase	Unterrichtsgeschehen	Kommentar
Einstieg	Begrüßungsritual (Verbeugung) Bekanntgabe des Stundenthemas	Ordnung, Konzentration, Respekt vor dem Gegner, Transparenz
Vorbereitung	Aufwärmübungen und Spielformen mit Bällen, z.B. Blitzball oder Raufball oder Flagfootball	Aufwärmung, Motivation Erste Vorbereitung auf die 7. Stunde
Organisation	Aufbau einer Übungsanlage	
Kognitive Erarbeitung	Aufstellung eines Sicherheitskatalogs zur Vermeidung von Verletzungen bei Zweikämpfen, z.B. ◈ Kleidung ◈ Abklopfen ◈ .... Sportmechanische Grundlagen der erlernten Judotechniken	Bewusstmachung sicherer Rahmenbedingungen Signal zur Aufgabe, Abrufen der Hausaufgabe, Bewusstheit des Lernens, Überleitung zur nächsten Phase
Wiederholung	Selbständiges Üben der bekannten Wurf-, Fall- u. Haltetechniken ◈ O-Goshi, O-Soto-Gari ◈ Fallen rückwärts und vorwärts ◈ Kesagatame, Tate Shio Gatame..... in leistungshomogenen Zweiergruppen als Vorbereitung auf einen Demonstrationswettkampf	Umsetzung der Sicherheitsmaßnahmen, Absprachen mit dem Partner Üben und Wettkämpfen in Niveaugruppen
Anwendung	Demonstrationswettkampf: Stand- und Bodenrandori unter vorher festgesetzten Regeln (Zeit, Punkte)	Einzelwettkämpfe zur Ergebnissicherung und Leistungsüberprüfung
Ausklang	Abschlussgespräch, Hausaufgabe (Übertragung von Zweikampfregeln auf andere Sportarten, Fairness) Verabschiedung Abbau der Anlage	Ergebnissicherung, Vorbereitung der Folgestunde **(M6)** Ritual

Stundenverlaufspläne
Verlaufsskizze 6. Stunde

Das „Wie"?

Thema:
Prinzipien des „Fair-haltens" in Zweikämpfen:
Wiederholung und Festigung erlernter Zweikampftechniken und Übertragung auf simulierte Zweikampfsituationen in anderen Sportarten unter Wahrung des Fairnessgebots

Ziel:
- Durchführung judogemäßer Zweikämpfe nach vereinbarten Fair-Play-Regeln
- Analyse körperbetonter Zweikämpfe in anderen Sportarten und Übertragung der Fairnessregeln
- Erprobung sportlicher Zweikämpfe in bekannten Sportarten unter den Aspekten Sicherheit und Fairness

Unterrichtsphase	Unterrichtsgeschehen	Kommentar
Einstieg	Begrüßungsritual (Verbeugung) Bekanntgabe des Stundenthemas	Ordnung, Konzentration, Respekt vor dem Gegner, Transparenz
Vorbereitung	Koordinationsübungen mit Bällen in der Bewegung Kurzspiele: Handball, Basketball, Fußball Auswertung	Erwärmung, Motivation Ballgefühl, -geschicklichkeit Erfahrung und Reflexion von „Kampfhandlungen"
Organisation	Aufbau einer Übungsanlage	
Kognitive Erarbeitung I	Aufstellung von Fair-Play-Regeln **(M6)**, z.B. ❖ Anerkennung und Einhaltung der Regeln ❖ partnerschaftlicher Umgang mit dem Gegner ❖ Wahrung gleicher Chancen und Bedingungen ❖ Begrenzung des Gewinnmotivs ❖ korrekte Haltung in Sieg und Niederlage ❖ angemessener Einsatz der Kräfte	Bewusstmachung von „Fair-Play" (mehr als Regeleinhaltung) und von Kriterien für einen gelingenden Wettkampf (Ausgangspunkt der Diskussion könnte die Hausaufgabe sein)
Wiederholung	Selbständiges Üben der bekannten Wurf-, Fall- u. Haltetechniken in leistungsheterogenen Zweiergruppen unter Beachtung der Fair-Play-Regeln	Rücksichtnahme auf den Partner
Kognitive Erarbeitung II	Transfermöglichkeiten der Zweikampftechniken auf typische Zweikampfsituationen in anderen Sportarten	Schüler können individuelles Vorwissen einbringen bzw. erworbene Kenntnisse und Erfahrungen übertragen
Erprobung	Arbeitsteilige Gruppenarbeit unter der Aufgabenstellung: Simulation eines Zweikampfs in der Sportart ... unter Hinweis auf Sicherheitsrisiken und Fairnessmöglichkeiten	Sensibilisierung für richtiges Zweikampfverhalten, Demonstration und Kommentierung (auch schriftlich!)
Ausklang	Abschlussgespräch, Hausaufgabe (Rugby-Regeln, Integration von Judoelementen in ein Raufspiel) Verabschiedung Abbau der Anlage	Ergebnissicherung, Vorbereitung der Folgestunde Ritual

Das „Wie"?

Stundenverlaufspläne
Verlaufsskizze 7. Stunde

Thema:
Judo-Rugby:
Gestaltung eines Raufballspiels unter Sicherheits- und Fairnessaspekten

Ziel:
- Ein Rugbyspiel nach vereinfachten Regeln inszenieren
- Judoelemente in das Spielgeschehen einbauen
- Sicherheitsbewusstsein und Fairness zeigen

Unterrichtsphase	Unterrichtsgeschehen	Kommentar
Einstieg	Begrüßungsritual (Verbeugung) Bekanntgabe des Stundenthemas	Ordnung, Konzentration, Respekt vor dem Gegner, Transparenz
Vorbereitung	Partnerübungen mit Bällen Raufspiele als Ideenbörse ◈ „In den Kreis..." ◈	Erwärmung, Motivation
Kognitive Erarbeitung	Erarbeitung eines Reglements für ein vereinfachtes Rugbyspiel **(M10)**, z.B.: ◈ Ball tragen, oder Abspiel nach hinten ◈ Punkten durch Touchdown hinter Mallinie ◈ Nur Ballbesitzer attackieren	Bewusstmachung sicherer Rahmenbedingungen, Verabredung von Fair-Play-Regeln
Erprobung	Durchführung des Spiels Beobachtungen durch die Nicht-Spieler	Umsetzung der Sicherheitsmaßnahmen, Absprachen mit den Partnern Notizen auf Beobachtungsbogen
Reflexion	Variationen: Einbau von Judoelementen **(siehe M10)**, z.B.: ◈ Fallen rückwärts nach jedem Abspiel ◈ Halten eines Gegners bringt Zusatzpunkt ◈ ...	
Anwendung	Zielspiel: Judo-Rugby (evtl. Abänderung der Regeln, neues Spiel .....)	Beobachtung des Spiels unter den Kriterien: ◈ Regeln (Sinn, Einhaltung) ◈ Fairness ◈ ...
Test	Überprüfung der kognitiven Leistungen	Zum Abschluss der Unterrichtsreihe werden die theoretischen Kenntnisse abgeprüft.
Ausklang	Abschlussgespräch, Verabschiedung	Ergebnissicherung

Lernerfolgskontrolle
Schriftliche Überprüfung

Das „Wofür"?

Schriftliche Überprüfung fachlicher Kenntnisse

Name: .... Datum: .... Klasse: ......

Fallen:

1. Erläutere in Stichworten anhand der nebenstehenden Symbole vier grundlegende Prinzipien des Fallens:

    ① _____
    ② _____
    ③ _____
    ④ _____

2. Nenne typische Falltechniken in verschiedenen Sportarten und ordne ihnen entsprechende Fallprinzipien aus dem Judo zu:

Fußball: _____   Judo: _____

Handball: _____   Judo: _____

Volleyball: _____ Judo: _____

Fairness:

1. Welche Eigenschaften und Verhaltensweisen gehören unverzichtbar zum Fair Play?

_____
_____
_____
_____

Erziehender Sportunterricht *praktisch*
Sportartenübergreifende Zweikampfschulung

15

Lernerfolgskontrolle
Schriftliche Überprüfung

Das „Wofür"?

Haltegriffe:

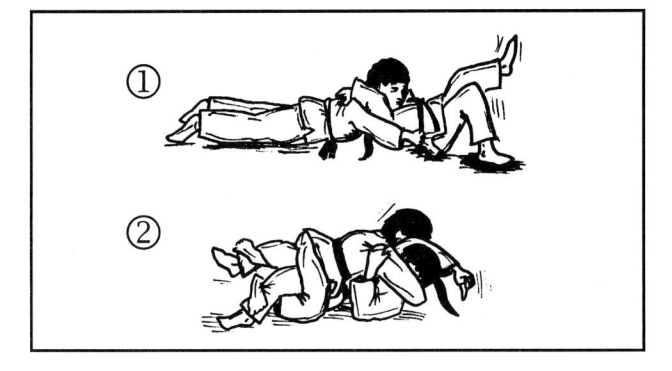

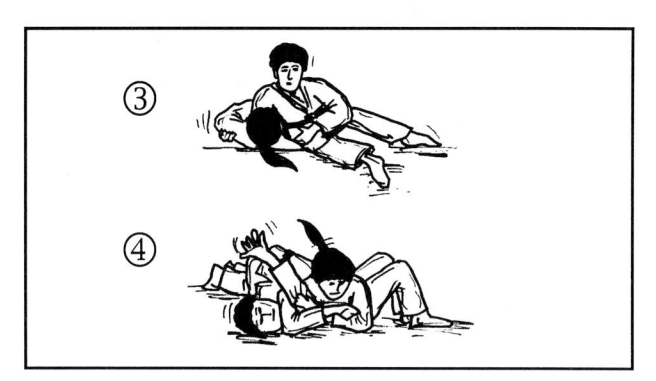

1. Benenne die vier Haltegriffe:

① _____ ③ _____

② _____ ④ _____

2. Wann ist ein Haltegriff gültig und erfolgreich?

_____

_____

Sportmechanik:

1. Was bedeutet die physikalische Größe „stabiles Gleichgewicht"?

_____

_____

2. Wovon ist die „Stabilität des Gleichgewichts" abhängig?

_____

_____

3. Welche Konsequenzen ergeben sich aus diesen physikalischen Grundlagen für Stand- und Bodenrandoris im Judo?

_____

_____

Material 1
Infoblatt
Wie man sich beim Judo korrekt begrüßt

Zu Beginn und am Ende einer jeden Stunde richten sich alle Schüler nach Ausbildungsgraden geordnet in einer Reihe vor dem Lehrer auf. Das Kommando „Za-zen" leitet den formalen Fersensitz ein. Dazu kniet man sich zunächst mit dem linken Knie ab, setzt dann das rechte daneben, wobei die Zehen aufgestellt bleiben. Erst beim Absetzen des Gesäßes auf die Fersen streckt man auch die Zehen.

Nach einer Phase der Konzentration (eingeleitet durch das Kommando „Mokuso") verbeugen sich nun auf das Kommando „Rei", welches der an erster Stelle kniende Schüler ausspricht, Schüler und Lehrer voreinander.

Danach steht man in der umgekehrten Reihenfolge des Hinkniens wieder auf. Das Grüßen als „Seele des Judo" ist Ausdruck von Höflichkeit oder einer gewissen Freundlichkeit zwischen den Übenden. Dieses Zeremoniell wird zu Anfang und am Ende einer jeden Judoübungsstunde durchgeführt.
Mit diesem Ablauf sollen sich die Übenden auf die nachfolgende Judostunde konzentrieren. Am Ende der Stunde dient dieser kurze Moment der Besinnung dazu, durchzuatmen und belastende Emotionen abzulegen.

Eine Verbeugung im Stehen (Tachi-rei) ist die formell korrekte Art, einen Partner zum Üben aufzufordern.
Eine Verbeugung beendet auch die Übungsphase mit dem jeweiligen Partner.

Material 2
Infoblatt
Fallen rückwärts / vorwärts

Fallen rückwärts

Bewegungsausführung:
Aus dem Stand gehen die Übenden tief in die Hocke. Dabei werden die Arme nach vorne gestreckt, das Kinn auf die Brust gezogen und das Gesäß dicht an die Fersen gebracht. Sobald mit dem Rücken Mattenkontakt hergestellt ist, schlagen die Unterarme im 45°-Winkel vom Körper mit der Handfläche nach unten auf die Matte. Die Beine werden dabei leicht gestreckt geöffnet, der Kopf darf die Matte nicht berühren.

Variation:
Bei starker Rotationsenergie (Fallen aus dem Laufen rückwärts) wird nach dem Abschlagen der Kopf zur Seite genommen und über eine Schulter gerollt bis in den Hock- oder Kniestand.

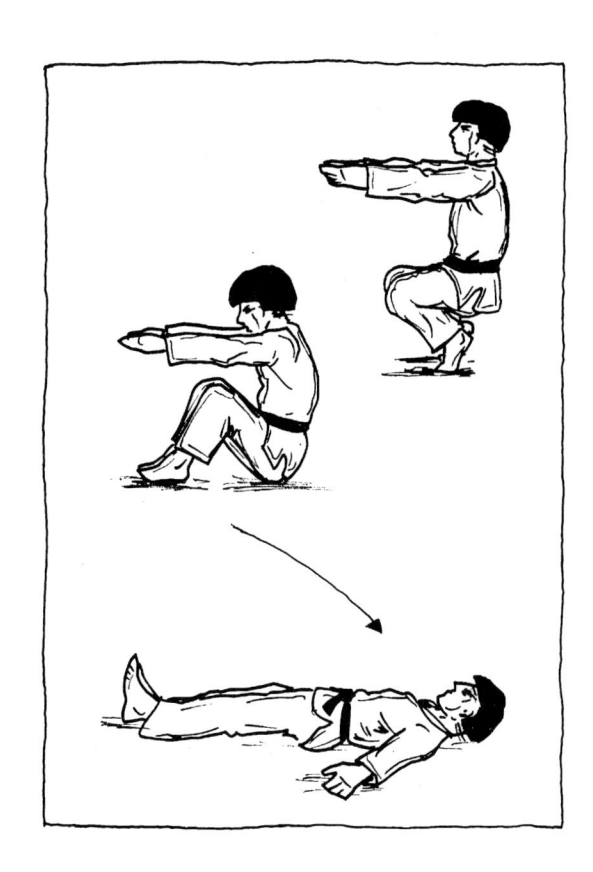

Fallen vorwärts: Judorolle

Bewegungsausführung:
Aus der Fußstellung rechts vorwärts werden beide Hände nahe nebeneinander auf die Matte gesetzt, die Finger zeigen zueinander. Der Judoka rollt schräg über Schulter, Rücken und linker Gesäßseite ab. Mit dem linken Arm, der linken Hand, der rechten Fußsohle und der Außenkante des linken Fußes schlägt er auf die Matte.

Variation:
Der beim Rollen noch vorhandene Schwung kann ausgenutzt werden, um nach dem Abschlagen wieder in den Stand zu gelangen.

Material 3
Infoblatt
Haltegriffe

Kesa-gatame (Schärpe)

Bewegungsausführung:
Tori (Angreifer) sitzt auf Ukes (Verteidiger) rechter Seite und grätscht die Beine. Sein rechter Arm umfasst Kopf und Nacken von Uke. Ukes rechter Arm wird unter Toris linke Achsel geklemmt und mit der linken Hand fixiert. Mit der rechten Seite belastet Tori Ukes Brust.

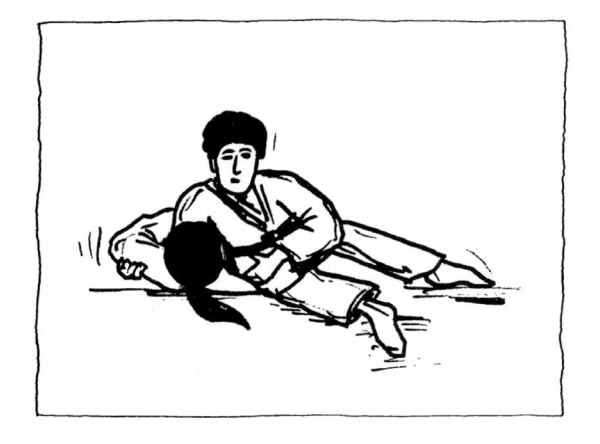

Tate-Shio-Gatame (Reitvierer)

Bewegungsausführung:
Tori sitzt auf Uke, der sich in Rückenlage befindet. Mit der rechten Hand greift Tori unter dem Nacken von Uke dessen Kragen. Mit dem anderen Arm stützt er sich auf die Matte. Mit dem Kopf versucht er, Ukes rechten Arm einzuklemmen, mit seinen Füßen umklammert er dessen Beine.

Yoko-Shio-Gatame (Seitvierer)

Bewegungsausführung:
Uke liegt in Rückenlage, Tori im rechten Winkel dazu in Bauchlage mit gegrätschten Beinen. Er umschlingt mit beiden Armen Ukes rechten Arm und hält sich am Jackenärmel fest.

Kami-Shio-Gatame (Oberer Vierer)

Bewegungsausführung:
Tori legt sich von der Kopfseite des Partners her auf dessen Brust, lässt aber Ukes Kopf frei! Er greift mit beiden Händen unter Ukes Achseln hindurch dessen Gürtel und fixiert ihn durch sein Gewicht und die gegrätschten Beine.

Material 4
Infoblatt
Würfe

O-Soto-Gari (Große Außensichel)

Bewegungsausführung:
In der Ausgangsstellung fassen sich beide Partner mit links am rechten Ärmel und mit rechts am linken Revers des Gegenübers. Tori setzt den linken Fuß außen neben den rechten Fuß von Uke und stört dessen Gleichgewicht durch Zug der linken und Druck der rechten Hand. Mit dem rechten Bein sichelt Tori nun - Wade an Wade (!) - das rechte Standbein von Uke weg und unterstützt den Fall durch Zug am rechten Revers. Uke schlägt mit dem linken Arm ab.

O-Goshi (Großer Hüftwurf)

Bewegungsausführung:
Tori greift mit der linken Hand den Jackenärmel und mit rechts das Revers von Uke. Nachdem Uke durch Zug nach vorneoben aus dem Gleichgewicht gebracht wurde (1), führt Tori den rechten Arm um Ukes Taille, dreht sich dabei auf beiden Füßen parallel vor den Partner (Eindrehen) und zieht ihn fest an sich (2) und geht leicht in die Kniebeuge. Dabei hat Toris ganzer Rücken Kontakt mit Ukes Vorderseite. Durch ruckartiges Strecken der Beine bei gleichzeitigem Vorbeugen (3) wirft Tori Uke über die Hüfte nach vorne. Der rechte Arm führt die Bewegung, die linke Hand zieht Uke kurz vor der Landung am Revers nach oben, um den Aufprall zu bremsen.

Material 5
Spielregeln
Zweikampfspiele

Spiele mit Körperkontakt

Abschussrampe: Ein Schüler liegt mit angezogenen Beinen auf dem Rücken. Sein Partner setzt sich auf dessen Füße und lässt sich „wegschießen", evtl. verbunden mit einer Falltechnik (z.B. Judorolle).

Gegenverkehr: Rollend, robbend, krabbelnd etc. bewegen sich zwei Gruppen von gegenüberliegenden Mattenseiten aufeinander zu und versuchen, die andere Seite zu erreichen.

Starker Kreis: Die Schüler teilen sich in Gruppen auf, jede Gruppe bildet einen Kreis. Jeder fasst den Nachbarn am Handgelenk. Der Kreis wird dann weit gedehnt. Alle lehnen sich noch etwas mit dem Oberkörper zurück, um die Spannung zu erhöhen - bis der Kreis reißt und alle nach hinten fallen.

Kämpfende Reihen: Zwei geschlossene Reihen (Schulter an Schulter, wie beim Rugby) stehen sich gegenüber und drücken auf ein Zeichen hin die Gegner mit den Schultern über eine Linie (Rücken gerade, kein „Katzenbuckel").

Schatzverteidigung: Eine Gruppe verteidigt den „Goldschatz" (Medizinball), indem sie sich kreisförmig um den Schatz gruppiert. Die Arme sind untergehakt. Die gleichstarke gegnerische Gruppe erkämpft den Schatz.

Ringspiele ohne direkten Körperkontakt

Wackelhut: Zwei Schüler halten zusammen ein Band. Einer hat dabei einen Gummiring (Hut!) auf dem Kopf. Ziel ist es, den Partner durch Ziehen, Nachgeben etc. aus dem Gleichgewicht zu bringen, so dass dieser seinen Hut verliert.

Medizinballziehen: Zwei Schüler liegen sich gegenüber auf dem Bauch. Dazwischen liegt ein Medizinball, den beide über eine festgelegte Markierung zu ziehen versuchen.

Ringspiele, bei denen nur mit bestimmten Körperteilen angegriffen wird

Füßetreten: Zwei Schüler stehen sich gegenüber und fassen sich beide an den Oberarmen. Dabei versuchen sie, die Füße des anderen mit den eigenen Füßen zu berühren.

Rückenringkampf: Zwei Partner sitzen untergehakt Rücken an Rücken und versuchen, den anderen seitlich umzudrücken.

Liegestützkampf: Zwei Partner versuchen im Liegestütz (nur Hände und Füße am Boden!) dem Gegner einen Stützarm wegzuziehen.

Material 5 (Fortsetzung)
Spielregeln
Zweikampfspiele

Ringspiele auf dem Boden

Niederhalten: Eine Person liegt auf dem Bauch. Ihr Partner versucht, sie am Aufstehen zu hindern.

Rauswurf: Zwei Partner auf einer Turnmatte versuchen, sich gegenseitig von der Matte zu drängen (ziehen, schieben, ausweichen). Verloren hat, wer zuerst mit einem Körperteil außerhalb der Matte landet.

Zwergenkampf: Zwei Partner knien sich gegenüber und versuchen, den anderen dazu zu bringen, die Matten mit der Schulter zu berühren.

Schlangengrube: Die Matte wird zur Schlangengrube erklärt, in der sich alle Spieler bewegen. Eine Schlange kriecht auf dem Mattenboden vorwärts. Sie versucht ihre Mitspieler zu berühren, die sich dadurch in Schlangen verwandeln.

Sitzrugby: Auf einem ausreichend großen Mattenfeld versuchen zwei Mannschaften, einen beliebigen Ball hinter den Mattenrand der anderen Mannschaft zu transportieren. Dabei darf man sich nur auf allen Vieren fortbewegen.

Überleben am Nordpol: Alle Robben versammeln sich, auf dem Bauch liegend, an einem Mattenende. Der Eisbär bewegt sich auf allen Vieren auf die Robben zu. Diese versuchen auf die rettende Seite gegenüber zu robben, ohne sich vom Eisbären auf den Rücken drehen zu lassen! Umgedrehte Robben werden zu Eisbären.

Ringspiele im Stand

Ziehkampf: Zwei Partner ziehen im korrekten Judo-Kampfgriff den Gegner von der/auf die Matte.

In den Kreis ziehen: Zwei Partner ziehen in Handfassung den Gegner in einen Kreis (Seil, Reifen).

Balanceakt: Je zwei Spieler stehen sich im Abstand von 1m gegenüber. Beide halten ihre Hände vor der Brust und versuchen, den Partner durch Druck gegen dessen Hände aus dem Gleichgewicht zu bringen und zu einem Ausfallschritt zu bewegen (Täuschen, Ausweichen usw.).

Mattenkönig: Alle versammeln sich auf der Weichbodenmatte. Auf ein Startzeichen hin wird versucht, die anderen von der Matte zu drängen. Wer sich von der Matte drücken lässt, scheidet in dieser Runde aus und ist Mattenrichter. Zum Mattenkönig wird derjenige, der bis zuletzt noch auf der Matte bleibt.

Mattentiger: Ein Spieler wird zum Tiger. Er krabbelt über die Matte und jagt die anderen. Wer vom Tiger zu Fall gebracht wird, hilft dem Tiger beim Jagen. Der letzte wird Tiger der nächsten Runde.

Material 6
Arbeitsblatt
Fairness

Fair Play
bedeutet Verantwortung gegenüber dem Gegner als dem sportlichen Partner, bedeutet Respekt vor dessen körperlicher und seelischer Unversehrtheit, vor dessen Menschenwürde und Gleichwertigkeit. Erst wenn die Frage „Was leistet der Mensch sportlich?" ergänzt wird durch die Frage „Was leistet der Sport menschlich?", sind wir auf dem Weg zum Fair Play. Der Unfaire ist Spielverderber. Er nimmt dem Sport den Charakter des Spiels.

Fairnessverständnisse von Kindern, Jugendlichen und Erwachsenen:

- „Fairness ist, dem Gegner eine Chance lassen, ihm den Sieg nicht missgönnen" (Edeltraud, 14, Sonja, 13);
- „Fairness ist, wenn alle die gleichen Voraussetzungen haben, sind die Sportler selbstverantwortlich" (Michaela, 14);
- „Fairness heißt nur das tun, was man darf und nichts anderes, nicht foulen und nichtspucken" (Sigmund, 23, Fußballer);
- „Fairness ist, den Gegner nicht verletzen und sonst alle Regeln auch einhalten" (Albrecht, 23, Fußballer);
- „Ein normales Foul ist nicht unfair" (Uwe Seeler, 50; ehem. Fußballnationalspieler);
- „Jeder Akt einer ehrlichen Entschuldigung oder des Bedauerns nach einem Foul bedeutet Fair Play." (Manfred Freisler, 28, Handballnationalspieler).

Fragen:

- Was ist für euch Fair Play?
- Welche drei Gruppen von Aussagen lassen sich unterscheiden?
- Ordnet eure Auffassungen den drei Gruppen zu!
- Welche Überschrift würdet ihr den drei Abschnitten geben?
- Denkt euch Beispiele aus!
- Welches Verständnis von Fair Play wird sich wohl künftig durchsetzen?

Quelle: Deutsche Olympische Gesellschaft (Hrsg.): **Fair-halten**. Stuttgart 1992

Material 6 (Fortsetzung)
Arbeitsblatt
Fairness

Meine fünf goldenen Fair-Play-Regeln

Ich unterstütze Fair Play im Sport, weil ich Sport liebe und eine Mitverantwortung bejahe. Darum beachte ich folgende Grundsätze:

◇ **Ich bin aufrichtig.**
Ich achte die geschriebenen und ungeschriebenen Regeln. Zum Sport gehören gleichermaßen Sieg und Niederlage. Ich will mich bemühen, mit Anstand zu gewinnen und zu verlieren.

◇ **Ich bin tolerant.**
Ich akzeptiere die Entscheidungen des Schiedsrichters, selbst dann, wenn sie mir unrichtig erscheinen. Ich betrachte meine Gegner als Partner.

◇ **Ich helfe.**
Ich kümmere mich um verletzte Gegner, als wenn es meine eigenen Mitspieler wären.

◇ **Ich trage Verantwortung.**
Ich fühle mich für die körperliche und seelische Unversehrtheit meiner Gegner verantwortlich. Ich bejahe Chancengleichheit. Doping ist der schlimmste Betrug.

◇ **Ich bin für fairen Sport.**
Ich weiß, dass nur durch Aufrichtigkeit, Toleranz, Hilfsbereitschaft und Verantwortung fairer Sport und die Freude am Sport erhalten bleiben.

Aufgaben:

1. **Sammelt** so viele Beispiele wie möglich, um die einzelnen Regeln zu veranschaulichen!
2. **Sucht** für jede Fair-Play-Regel Abbildungen aus Zeitungen oder Zeitschriften, die einmal ein faires, zum anderen ein unfaires Verhalten zeigen!
3. **Schreibt** kurze Stellungnahmen, welche Probleme ihr selbst schon bei der Einhaltung einzelner Regeln hattet!

Quelle: Deutsche Olympische Gesellschaft (Hrsg.): **Fair-halten**. Stuttgart 1992

Material 7
Infoblatt
Judoprinzipien

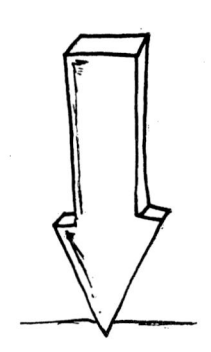

Judoprinzipien
(Übersetzung „Judo": der sanfte Weg)

Jigoro Kano entwickelte vor ca. 100 Jahren aus der traditionellen Selbstverteidigung Jiu-Jitsu den Judosport mit **zwei grundlegenden Prinzipien**:

1. das **technische Prinzip** vom Siegen durch Nachgeben, indem z.B. der Kraft des Gegners nachgegeben und sie für die eigne Aktion genutzt wird.
2. das **moralische Prinzip** vom gegenseitigen Helfen und Verstehen, von Kooperation, Rücksichtnahme und Verantwortungsbewusstsein.

Fallprinzipien:

1. **Großflächigkeit**: Verteilung der Fallenergie auf eine möglichst große Fläche (Beispiel: ein Buch fällt auf den Boden und landet auf einer Ecke (!) oder auf der flachen Seite)
2. **Abrollen**: Der Aufprall wird durch eine tangentiale (rollende) Bewegung weitgehend vermieden, die Rollrichtung ist diagonal, d.h. die Wirbelsäule wird nur punktuell belastet.
3. **Abschlagen**: Im Moment des Bodenkontakts schlagen Arm und Hand federnd auf den Boden, um die Aufprallenergie zu reduzieren.
4. Der **Kopf wird geschützt**, indem man das Kinn auf die Brust nimmt und die Nackenmuskulatur anspannt. Im Moment des Fallens wird aktiv ausgeatmet, um die Lunge nicht zu verletzen.

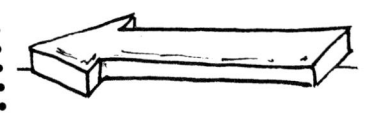

Haltegriffe:

Für einen regelgerechten Haltegriff muss
- Uke auf dem Rücken liegen,
- Tori über Uke liegen,
- Tori jederzeit aufstehen können, d.h. er darf nicht zwischen Ukes Beinen liegen.

Merksatz zu den Haltegriffen:
Von vier möglichen Punkten (2 Schultern, 2 Hüften) sollten wenigstens drei unbeweglich gemacht werden.

Befreiung aus einem Haltegriff: Es gibt grundsätzlich nur zwei Prinzipien, wie man sich aus einem Haltegriff befreien kann:

1. **„Durch die Brücke rollen"**, d.h. man rutscht unter den Partner, hebt ihn durch Strecken mit der Hüfte aus und rollt ihn zur anderen Seite.
2. **„Kleinmachen und rausdrehen"**, d.h. man knickt in der Hüfte ein, dreht sich unter dem Gegner weg oder umklammert seine Beine.

(Nach dem Prinzip **„actio-reactio"** versucht man in beiden Fällen, Druck in eine Richtung auszuüben, um den Gegendruck des Partners zu einer Aktion zu nutzen.)

Material 8
Arbeitsblatt
Sportmechanik im Judo: Gleichgewicht

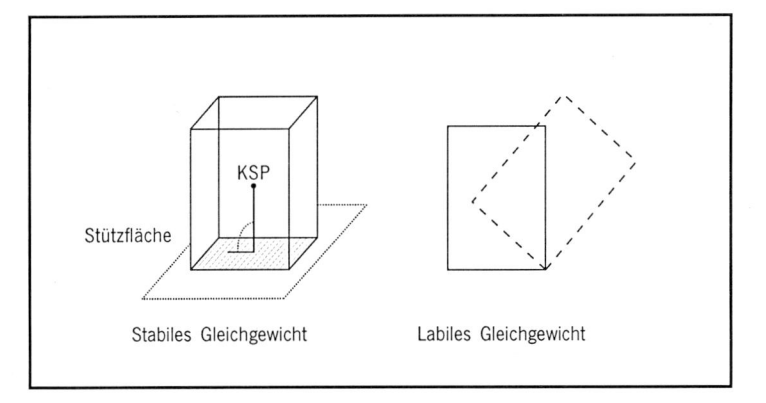

Das „Womit"?

Stützfläche — *KSP*
Stabiles Gleichgewicht — *Labiles Gleichgewicht*

Die senkrechte Projektion des Körperschwerpunktes (KSP) befindet sich über der Stützfläche: **stabiles Gleichgewicht.**

Stabilitätsgrad und Stützfläche

Der Stabilitätsgrad S ist der Größe der Stützfläche A direkt proportional (S~A) und der vertikalen Entfernung H des KSP von der Stützfläche umgekehrt proportional (S~1:H).

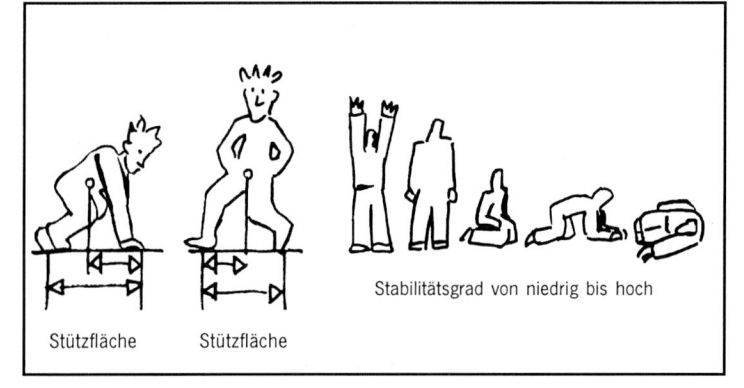

Stützfläche — Stützfläche
Stabilitätsgrad von niedrig bis hoch

Merke:
Ein (starrer) Körper befindet sich im Gleichgewicht, wenn sowohl die Summe aller auf ihn wirkenden (äußeren) Kräftevektoren, als auch die vektorielle Summe aller an ihm angreifenden Drehmomente gleich Null ist.

Beantworte schriftlich folgende Frage:

Welche Konsequenzen ergeben sich aus diesen physikalischen Grundlagen für Stand- und Bodenrandoris im Judo?

_____
_____
_____
_____

Material 8 (Fortsetzung)
Arbeitsblatt
Sportmechanik im Judo: Gleichgewicht

Erläutere anhand der beiden Skizzen das Phänomen des Gleichgewichtbrechens und die Lage des KSP!

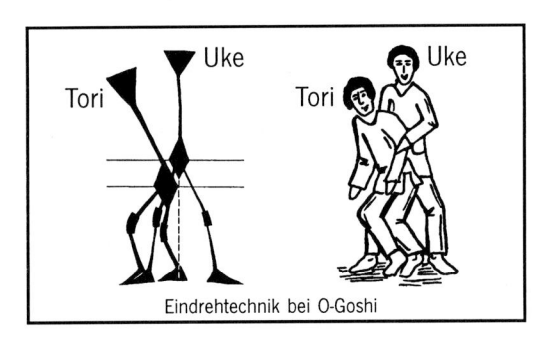

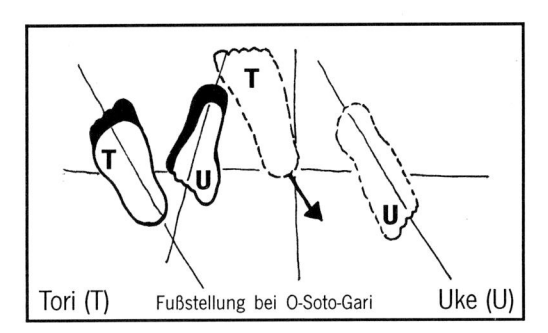

Eindrehtechnik bei O-Goshi

Tori (T) Fußstellung bei O-Soto-Gari Uke (U)

Übertrage die Gesetzmäßigkeiten der Rotationsenergie (r) bei Drehbewegungen auf Falltechniken im Judo und entwickle daraus einen Merksatz für sicheres Fallen!

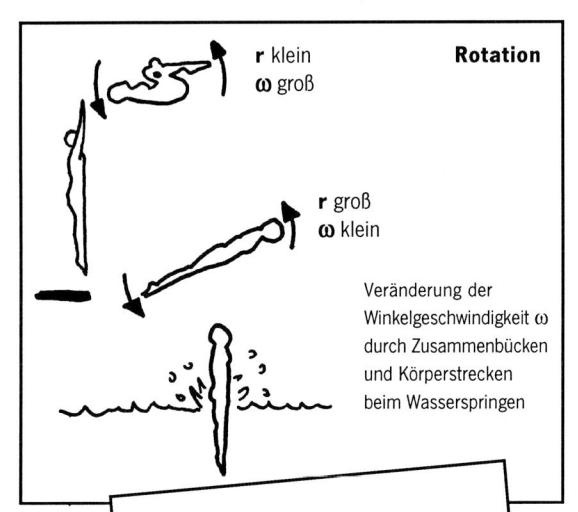

r klein
ω groß

Rotation

r groß
ω klein

Veränderung der Winkelgeschwindigkeit ω durch Zusammenbücken und Körperstrecken beim Wasserspringen

Merke:
Zusammenhang zwischen Winkelgeschwindikeit (ω) und Bahngeschwindigkeit (v):
$v = r \cdot \omega$ bzw. $\omega = v : r$

Merksatz:

Material 9
Kopiervorlage
Judotechniken

Fallen rückwärts

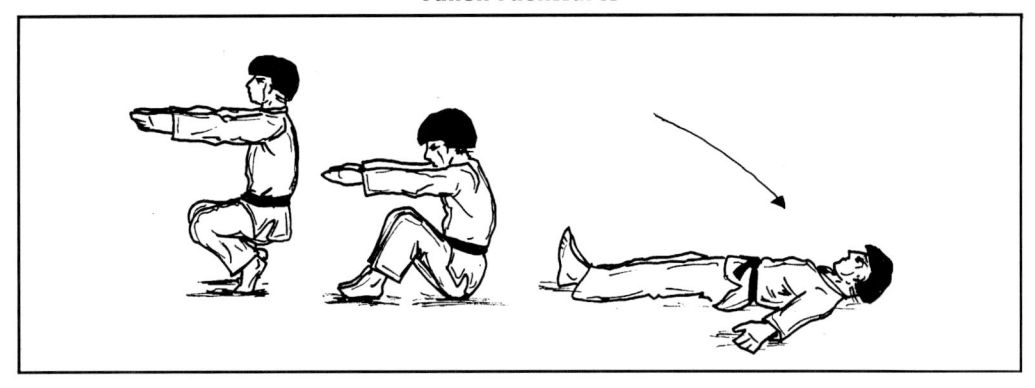

O-Soto-Gari: die große Außensichel

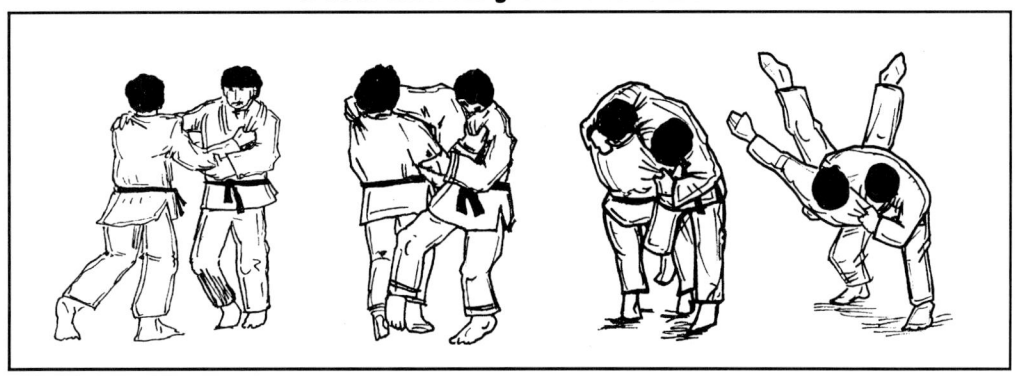

O-Goshi: Hüftwurf

Haltegriffe

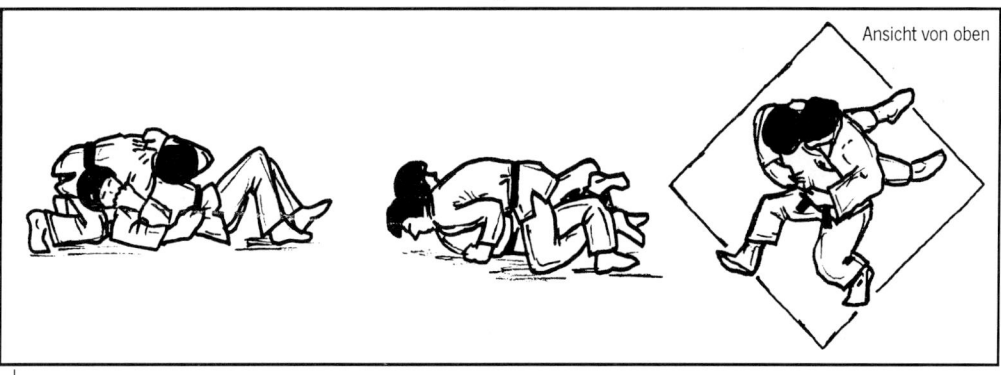

Ansicht von oben

Material 10

Spielregeln
Judo-Rugby

Charakteristika des Rugbyspiels

1. Der Ball hat eine ovale Form, kann daher nicht gedribbelt werden.
2. Der Ball darf nicht nach vorn geworfen werden, sondern Raumgewinn ist nur durch Tragen und Schiessen möglich.
3. Durch das Laufen mit dem Ball kann der Verteidiger den Ball nur erobern, indem er den Angreifer durch körperlichen Einsatz am Laufen hindert.
4. Die angreifenden Spieler können sich nicht auf allen Positionen des Spielfeldes aufhalten.
5. Ein Punkt wird durch einen Schuss in ein Tor oder durch einen Touchdown erzielt.

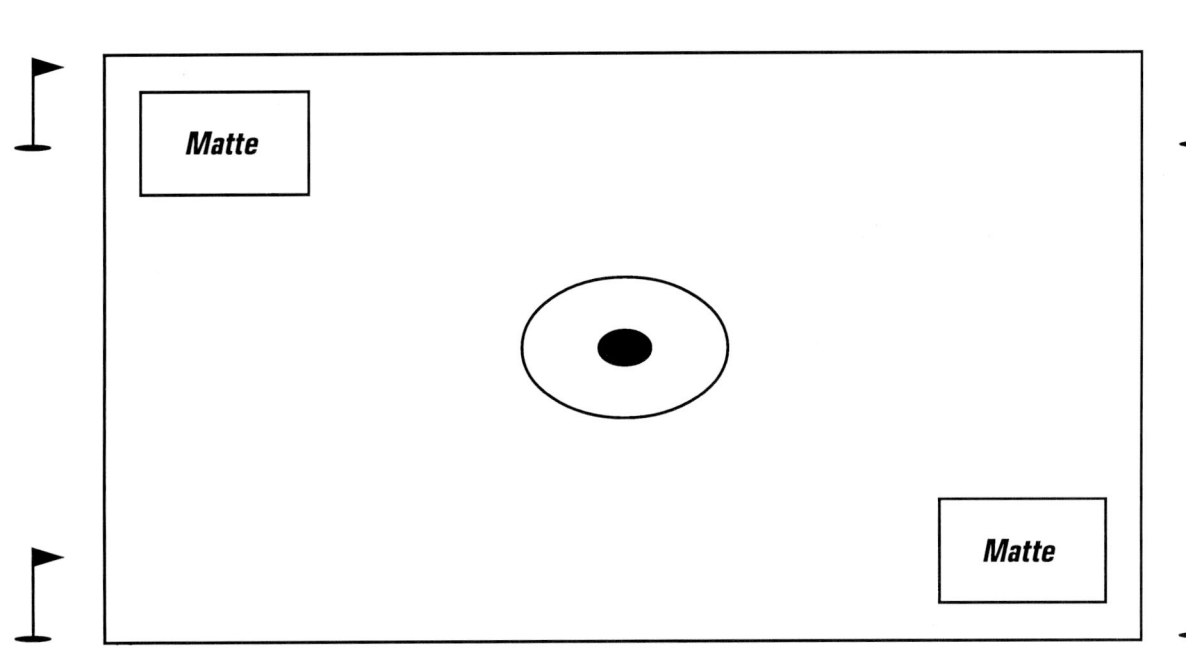

Judoelemente im Rugby-Spiel

1. Nach jedem Abspiel ein Fallen rückwärts.
2. Ein Abspieler darf so lange wie möglich am Boden festgehalten werden.
3. Alle Spieler kommen nur mittels einer Judorolle ins Spiel.
4. Punkt durch Zuspiel mit den Füßen im Rückwärtsfallen auf Weichboden.

Material 11
Übungsvorschläge
Fallen statt Stürzen

Fallen in Übungs- und Spielformen

Rollen zum Spaß …

… für den Ernstfall

Material 12
Übungsvorschläge
Balancier-Ideen

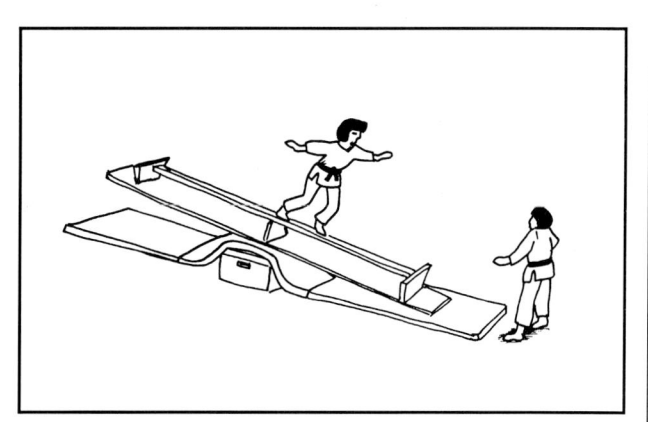

Material 13
Arbeitsblatt
Fallen rückwärts

1. Erläutere in Stichworten anhand der nebenstehenden Symbole vier grundlegende Prinzipien des Fallens:

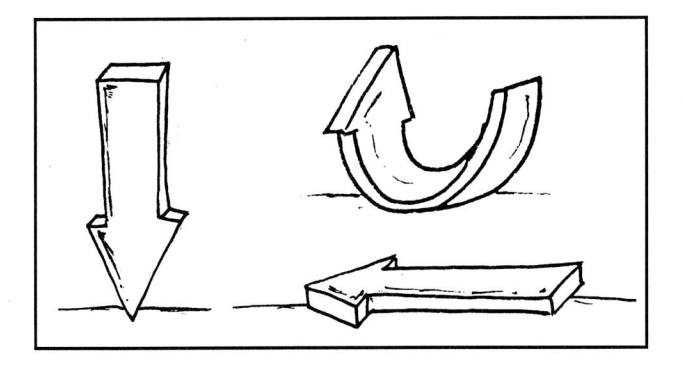

   ① _____
   ② _____
   ③ _____
   ④ _____

2. Beschreibe und erläutere die grundlegenden Technikmerkmale des Fallens rückwärts im Judo:

   _____
   _____
   _____
   _____
   _____

3. Welche methodischen Schritte und welche Sicherheitsaspekte sind beim Erlernen des Fallens zu bedenken?

   _____
   _____
   _____
   _____
   _____

Literatur

Addamiani, Silvano: **Goshin-Jitu no Kata**. Form der modernen Selbstverteidigung. Fachbücher für Judo. Bd. 12. Berlin 6. Aufl. 2001

Barth/Kaiser: **Judo für Jugendliche**. München 1980

Birod, M.: **Judokurs**. Reinbek 1979

Bonfranchi, R.: **Judo, ein erziehungstherapeutischer Weg für behinderte Kinder und Jugendliche**. Berlin 2002

Bonfranchi/Klocke: **Wir machen Judo**. Bonn 1999

Clemens, E.: **Judo als Schulsport**. Schondorf 1989

Deutscher Sportbund (Hrsg.): **Der Übungsleiter**. Bd. 4. Frankfurt am Main 1992

Hofmann, W.: **Judo**. Grundlagen des Stand- und Bodenkampfes. Niedernhausen 1978

Hofmann/Kessler/Klocke/Bonfranchi: **Judo für die Jugend**. Bd. 1 und 2. Bad Honnef, 1976.

Ketelhut/Gutt: **Kinder-Judo**. Das fröhliche Lehrbuch für Jungen und Mädchen. Berlin 15. Aufl. 2000

Klocke, Ulrich: **Judo lernen**. Bonn 2000

Mertens/Zumbült: **Was ist erziehender Sportunterricht?** Mülheim an der Ruhr 2001

Sander/Deling: **Judo**. Bodenprogramm von weißgelb bis orange. Berlin 2001

Sander/Deling: **Judo**. Bodenprogramm von orangegrün bis braun. Berlin 2001

Sander/Deling: **Judo**. Das gesamte Standprogramm von weißgelb bis braun. Berlin 2000

Sander/Deling: **Judo 1**, CD-ROM. Berlin 2000

Verlag an der Ruhr
Jetzt versteh' ich das!

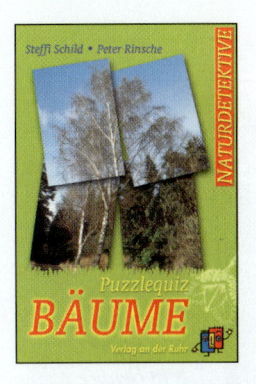

Naturdetektive
Puzzlequiz: Bäume
Steffi Schild, Peter Rinsche
Ab 8 J., 72 Bildkarten mit Anleitung, Pappbox
ISBN 3-86072-583-1
Best.-Nr. 2583
12,80 € (D)/13,15 € (A)/25,– CHF

Baumwolle
Eine Aktivmappe
Petra Mönning, Dorothea Karpinski
Ab Kl. 5, 76 S., A4, Papph.
ISBN 3-86072-570-X
Best.-Nr. 2570
18,60 € (D)/19,15 € (A)

Utopolis
Demokratisch leben lernen – Rollenspiele zum Üben
Hansjosef Buchkremer, Miriam Buchkremer, Michaela Emmerich, Niels Gierse, Werner Gierse, Uli Groneick
Ab 14 J., 60 S., A4, Papph.
ISBN 3-86072-624-2
Best.-Nr. 2624
17,90 € (D)/18,40 € (A)/35,– CHF

Projekt: Aktive Bürger
Sich demokratisch durchsetzen lernen
Eine Arbeitsmappe
Center for Civic Education, Klaus Koopmann
Ab 12 J., 119 S., A4, Pb.
ISBN 3-86072-668-4
Best.-Nr. 2668
17,90 € (D)/18,40 € (A)/35,– CHF

Konfliktstoff Kopftuch
Eine thematische Einführung in den Islam
Jochen Bauer
Ab Kl. 9, 130 S., A4, Pb.
ISBN 3-86072-614-5
Best.-Nr. 2614
18,60 € (D)/19,15 € (A)/36,40 CHF

Was ist erziehender Sportunterricht?
Michael Mertens, Helmut Zumbült
105 S., A5, Pb.
ISBN 3-86072-612-9
Best.-Nr. 2612
8,60 € (D)/8,85 € (A)/16,80 CHF

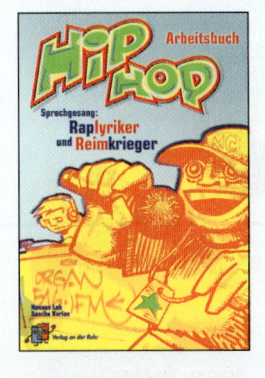

Miteinander klarkommen
Toleranz, Respekt und Kooperation trainieren
Dianne Schilling
Ab 10 J., 133 S., A4, Pb.
ISBN 3-86072-551-3
Best.-Nr. 2551
18,60 € (D)/19,15 € (A)/36,40 CHF

Gefühle spielen immer mit
Mit Emotionen klarkommen Ein Übungsbuch
Terri Akin u.a.
Ab 10 J., 95 S., A4, Pb.
ISBN 3-86072-553-X
Best.-Nr. 2553
17,– € (D)/17,50 € (A)/33,20 CHF

Selbstvertrauen und soziale Kompetenz
Übungen, Aktivitäten und Spiele für Kids ab 10
Terri Akin u.a.
Ab 10 J., 206 S., A4, Pb.
ISBN 3-86072-552-1
Best.-Nr. 2552
23,– € (D)/23,65 € (A)/45,– CHF

HipHop
Sprechgesang: Raplyriker und Reimkrieger – Ein Arbeitsbuch
Hannes Loh, Sascha Verlan
Ab Kl. 7, 128 S., 16 x 23 cm, Pb.
ISBN 3-86072-554-8
Best.-Nr. 2554
12,80 € (D)/13,15 € (A)/25,– CHF

Kunst für ganz Schnelle
Ideen und Anschlussprojekte für 2–4 Stunden
Gerlinde Blahak
Kl. 5–13, 92 S., 16 x 23 cm, Pb., vierfarbige Fotos
ISBN 3-86072-659-5
Best.-Nr. 2659
14,80 € (D)/15,20 € (A)/28,85 CHF

Zusammen kann ich das
Effektive Teamarbeit lernen
Susan Finney
Ab 10 J., 196 S., A4, Pb.
ISBN 3-86072-499-1
Best.-Nr. 2499
21,50 € (D)/22,10 € (A)/42,– CHF

Verlag an der Ruhr · Postfach 10 22 51 · D-45422 Mülheim an der Ruhr
Tel.: 0208/495040 · Fax: 0208/4950495 · E-Mail: info@verlagruhr.de · http://www.verlagruhr.de

www.verlagruhr.de

Nie mehr zu viel zahlen
Kopfrechentraining für den Alltag – Grundrechenarten, Brüche, Prozentrechnung
W. J. Howard
Ab Kl. 6, 129 S., 16 x 23 cm, Pb.
ISBN 3-86072-589-0
Best.-Nr. 2589
14,80 € (D)/15,20 € (A)/28,85 CHF

Mathe für ganz Schnelle
Ergänzungs- und Zusatzaufgaben für die Orientierungsstufe
Kevin Lees
Ab Kl. 5, 51 S., A4, Papph.
ISBN 3-86072-574-2
Best.-Nr. 2574
17,– € (D)/17,50 € (A)/33,20 CHF

Literatur-Kartei: „Der Richter und sein Henker"
Rolf Esser
Ab Kl. 9, 86 S., A4, Papph.
ISBN 3-86072-569-6
Best.-Nr. 2569
19,60 € (D)/20,15 € (A)/38,20 CHF

„Harry Potter"* in der Schule
Didaktische Annäherungen an ein Phänomen
Jörg Knobloch (Hrsg.)
229 S., 16 x 23 cm, Pb.
ISBN 3-86072-657-9
Best.-Nr. 2657
17,50 € (D)/18,– € (A)/34,20 CHF

Projektmappe: Die Römerzeit
Heide Huber
Ab 10 J., 111 S., A4, Pb.
ISBN 3-86072-591-2
Best.-Nr. 2591
21,50 € (D)/22,10 € (A)/42,– CHF

Apostel, Mönche, Missionare:
Die erste Ausbreitung des Christentums
Robert Wittek
Ab Kl. 7, 62 S., A4, Papph.
ISBN 3-86072-573-4
Best.-Nr. 2573
17,90 € (D)/18,40 € (A)/35,– CHF

Die Zauberwelt der J. K. Rowling
*Hintergründe und Facts zu „Harry Potter"**
Jörg Knobloch
Ab 10 J., 154 S., 16 x 23 cm, Pb., viele vierfarbige Fotos
ISBN 3-86072-616-1
Best.-Nr. 2616
12,70 € (D)/13,– € (A)/24,80 CHF

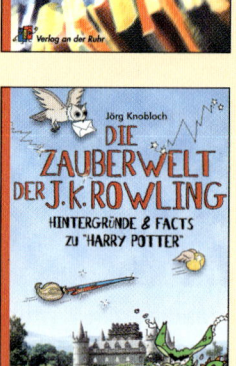

Lern- und Konzentrationstraining
im 5. und 6. Schuljahr
Uta Stücke
ISBN 3-86072-656-0
Best.-Nr. 2656
20,40 € (D)/21,– € (A)/39,80 CHF

Basistraining Rechtschreibung
Fremdwörter und Fachbegriffe, Zeichensetzung (2) und Abkürzungen
Thomas Klotz, Alexandra Stutz
Ab Kl. 7, 121 S., A4, Pb.
ISBN 3-86072-584-X
Best.-Nr. 2584
18,60 € (D)/19,15 € (A)/36,40 CHF

Literatur-Kartei zum Jugendbuch von Joanne K. Rowling: „Harry Potter und der Stein der Weisen"*
Brigitte Beuning, Jörg Knobloch
Ab Kl. 6, 91 S., A4, Papph.
ISBN 3-86072-594-7
Best.-Nr. 2594
19,95 € (D)/20,50 € (A)/39,– CHF

Literatur-Kartei Englisch zu den Jugendbüchern von Joanne K. Rowling: „Harry Potter"*
Lernstationen zu den Bänden 1–4
Ursula Röllich-Faber
Kl. 8–10, 62 S., A4, Papph.,
ISBN 3-86072-670-6
Best.-Nr. 2670
18,60 € (D)/19,15 € (A)/36,40 CHF

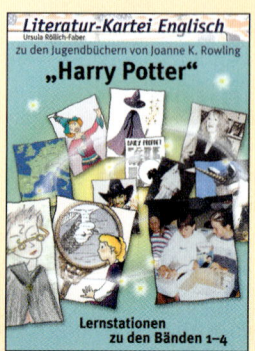

* Harry Potter ist eine eingetragene Marke der Time Warner Co.

Verlag an der Ruhr · Postfach 10 22 51 · D-45422 Mülheim an der Ruhr
Tel.: 0208/4950 40 · Fax: 0208/4950495 · E-Mail: info@verlagruhr.de · http://www.verlagruhr.de